|Holzbaum

Unnützes
Hamburg Wissen

|Holzbaum

Stadtbekannt Medien GmbH Unnützes HamburgWissen
www.stadtbekannt.at

Fotos Stadtbekannt Medien GmbH (sofern nicht anders angegeben)
Text Katrin Hauck und Tim Kempers
Layout Stadtbekannt Medien GmbH
Druck Wograndl, Mattersburg

Verlag © 2016 Holzbaum Verlag, Wien
www.holzbaumverlag.at

1. Auflage 2016
ISBN 978-3-902980-53-3

INHALT

Für Silvia & Johanna

VORWORT

„Hamburg, meine Perle". Hamburg ist nicht nur eine einfache
Hansestadt – es ist eine Haltung. Und eigentlich kann sie ja
nur ein echter Hanseat verstehen. Die anderen können nur
an der Oberfläche dieses Gefühls des norddeutschen Stol-
zes, der Werte und des Lebenswandels kratzen.

STADTBEKANNT hat versucht in diese widersprüchliche
Stadt einzutauchen, die vieles will und glaubt alles zu
können – außer sich zu entscheiden was sie genau sein will.
Das konservative Hamburg? Das hippe Hamburg? Oder
Hamburg, die Metropole? Oder doch ein Mischmasch aus
alldem?

Man lernt eine Stadt nicht durch die Fakten kennen, die in
jedem Lexikon stehen - man muss viel tiefer graben. Das
wahre Hamburg besteht aus den kuriosen Geschichten, die
man sich nach ein paar Runden Lütt un Lütt erzählt. Man
findet es in den Randnotizen der Geschichtsbücher und den
Nebensätzen von zweitklassigen Reiseleitern.

Aber vor allem findet man es in diesem Buch, das
selbsternannte Hamburg-Experten als auch Hamburg-Neu-
linge zum Staunen bringen wird. Wer das alles nicht glaubt,
der soll die unnützesten Fakten über diese schöne Hansestadt für sich sprechen lassen.

HISTORISCHES

Geschichtliches
aus der Hansestadt

Wie entstand eigentlich die heutige Metropole an der Elbe? Wie war das nochmal mit Störtebekers letztem Gang? Und hat das Rathaus letztens wirklich gewackelt? Wir geben die Antworten auf die Fragen!

TRINKT AUS, PIRATEN, YO-HO

Der wohl bekannteste Pirat Deutschlands, Klaus Störtebeker, ist 1360 in Hamburg geboren. Den Namen „Störtebeker" erhielt er, nachdem er das ganze Hab und Gut der Familie seiner Alkoholsucht geopfert hat - in der damals üblichen Sprache heißt Störtebeker nämlich so viel wie „Stürz den Becher!". Na dann, Prost!

„HAMBURGER KNIEN VOR NIEMANDEM"

Johann Heinrich Burchard, ein ehemaliger Bürgermeister Hamburgs, soll dafür gesorgt haben, dass bei der Errichtung der Wandgemälde im Festsaal des Hamburger Rathauses ein wichtiger Grundsatz der Hamburger beachtet wird. Er wies den Portraitmaler Heinrich Kugelberg an, einen zur Taufe knieenden Jüngling aus dem Gemälde zu entfernen. Der Grund hierfür: Hamburger knien vor niemandem.

TIERISCH

Tierparks bringen die exotischsten Geschöpfe aus allen Himmelsrichtungen in die Heimat - zu verdanken haben wir dieses Konzept und beliebte Ausflugsziel für Jung und Alt Carl Hagenbeck. Der Hamburger hat 1907 nämlich den ersten gitterlosen Zoo der Welt ins Leben gerufen. Danke Carl!

STOLZE SCHWÄNE

Die Schwäne Hamburgs haben seit dem 17. Jahrhundert ihren eigenen „Schwanenvater", der für ihre Umsiedlung vom Sommer- ins Winterquartier zuständig ist. Darüber hinaus ist es unter Strafe gestellt die Schwäne zu verletzen, zu töten oder sogar zu beleidigen! Der Job des Schwanenvaters ist übrigens das älteste Behördenamt Hamburgs. Seit 1674 gibt es dieses ehrenwerte Amt - im gleichen Jahr wurden auch die Schwäne unter Schutz gestellt.

Schwan

IN KIRCHEN GEPINKELT

Wer heute in die St. Petri Kirche in Hamburg geht, kann an mehreren Stellen in etwa einem Meter Höhe zackige, helle Linien sehen. Diese stammen laut einem Archäologen von Pferdeurin! Als Hamburg 1806 von den Franzosen besetzt wurde, dienten die Kirchen der Stadt als Pferdeställe für die kaiserliche Kavallerie - die Pferde waren wohl nicht sehr gottesfürchtig!

„ICH HABE DAS GRUNDGESETZ NICHT ANGEGUCKT IN JENEN TAGEN."

Die Aussage traf der Hamburger Innensenator Schmidt im Bezug auf die große Nordseesturmflut von 1961. Diese traf die Hansestadt an der Elbe mit insgesamt 315 Toten besonders schwer. Helmut Schmidt verhinderte in der Nacht vom 16. auf den 17. Februar jedoch Schlimmeres, indem er ohne gesetzliche Legitimation Kontakt zu Bundeswehr und NATO aufnahm, um von diesen für die diversen Rettungsaktionen Unterstützung zu erhalten.

PITCAIRNIA LOKI-SCHMIDTIAE

Helmut Schmidts Ehefrau Hannelore, genannt „Loki", war Botanikerin und Natur- und Pflanzenschützerin. Sie entdeckte 1985 in Mexiko eine bis dato unbenannte Pflanzenart, die, wie drei weitere Arten, mit dem Beinamen „loki-schmidtiae" versehen wurde.

SOZIALDEMOKRATISCHER WEHRMACHTSOFFIZIER

Der spätere Bundeskanzler und Mitglied der Sozialdemo-

St. Petri Kirche

Rathaus

kratischen Partei Deutschlands, Helmut Schmidt, wurde im Zweiten Weltkrieg als Offizier in Flakabteilungen, dem Reichsluftfahrtsministerium und als Batteriechef eingesetzt.

SCHMIDT SCHNAUZE

Helmut Schmidt war weder als Abgeordneter, Minister oder Kanzler wortarm und hatte stets flotte Sprüche auf Lager. Sätze wie „Wer Visionen hat, sollte zum Arzt gehen" oder „Schneckentempo ist das normale Tempo jeder Demokratie" haben ihm den Spitznamen „Schmidt Schnauze" eingehandelt!

NORDDEUTSCHES UNDERSTATEMENT

An der Stelle, wo man munkelt, dass Hamburg einst gegründet wurde, findet sich keine Gedenktafel. Klassisch unsentimental findet sich hier dafür ein staubiger Parkplatz.

WACKELIGES RATHAUS

Das Hamburger Rathaus wurde aufgrund des morastigen Untergrunds auf 4.000 Rammpfählen zwischen 1886 und 1897 erbaut.

KLEIN ABER OHO

Das kleinste Denkmal Hamburgs ist nur 20 Zentimeter groß! Um die Bronzefigur des heimischen Architekten Fritz Höger zu finden, muss man ganz genau schauen. Sie versteckt sich nämlich in einer Nische in der Fassade des ehemaligen Broschek-Hauses. Heute findet man an den großen Bleichen

Löwenkopf

das Renaissance Hamburg Hotel. In den 1920er Jahren wurde das Gebäude nach Plänen - dreimal darf man raten - von
Höger entworfen.

ÄLTESTES KUNSTWERK DER STADT

Schon seit dem 14. Jahrhundert findet man das älteste Kunstwerk Hamburgs bei der St. Petri Kirche. Hierbei
handelt es sich um den linken Türgriff der Eingangspforte
in Form eines Löwenkopfes. Das Pendant auf der anderen
Seite des Portals ist leider nur ein Imitat.

NICHT DEN KOPF VERLIEREN

Am westlichen Ende der Insel Grasbrook befand sich der für die Hinrichtung von Seeräubern bestimmte Richtplatz von Hamburg. Auf diesem sind bis 1624 mindestens 428 Seeräuber enthauptet worden. Zwei davon waren Klaus Störtebeker und Gödeke Michels. Der Schädel „Grasbrook 1", der im Museum für Hamburgische Geschichte ausgestellt wird, soll jener des enthaupteten Piraten Störtebeker sein.

TREU BIS IN DEN TOD

Bei seiner Hinrichtung soll Klaus Störtebeker darum gebeten haben, die Anzahl seiner Männer zu verschonen, an denen er noch vorbeilaufen würde - ohne Kopf! Der Legende nach soll der kopflose Pirat noch an elf seiner Männer vorbeigekommen sein. Geholfen hat es ihnen wenig - sie wurden trotzdem hingerichtet.

DAS ÄLTESTE GEBÄUDE HAMBURGS …

… ist nicht etwa der Michel, das Rathaus oder die Speicherstadt. Nein, tatsächlich steht das älteste Gebäude gar nicht auf dem ursprünglichen Gebiet der Hansestadt, sondern auf der Nordseeinsel Neuwerk. Der hiesige Leuchtturm wurde 1300 erbaut und ist dadurch gleichzeitig auch der älteste Leuchtturm Europas.

ADVENT, ADVENT, …

… ein Lichtlein brennt. In fast jedem Haushalt findet sich im Dezember ein Adventkranz. Zu verdanken haben wir das dem Theologen und Gründer des Waisenhauses das „Rauhe Haus" Johann Hinrich Wichern. Der gebürtige Hamburger (hört, hört!) hat den Adventkranz erfunden, um den Kindern die Wartezeit bis Weihnachten zu verkürzen, indem er einen Holzkranz mit 24 Kerzen aufgestellt hat - das Tannengrün kam erst später dazu. Und da es doch einen enormen Aufwand darstellte 24 Kerzen anzuzünden, reduzierte man diese dann auf vier Stück. Die Feuerwehr ist heutzutage dankbar über diese Entscheidung!

DIE GESCHICHTE ZU FÜSSEN

Stolpersteine findet man in Hamburg seit 2002. Ende Januar 2015 waren es 4.988 Stück.

ÖSTERREICHISCHE SPUREN

Österreich war 1570 der erste Staat, der ein Konsulat in Hamburg eingeweiht hat.

FREIE UND ABRISSSTADT

Der deutsche Kunsthistoriker Alfred Lichtwark stand dem Abriss der Arbeiterwohnungen zur Errichtung der Speicherstadt kritisch gegenüber. Sein häufig zitierter Ausspruch „Freie und Abrissstadt Hamburg" fasst die Sanierungswut der Hansestadt treffend zusammen und ist besonders bei Architekten sehr beliebt.

ALLZU NAH?

Der heutige Stadtteil Hamburg-Altona gehörte nicht immer

zu der Hansestadt. Seinen Namen verdankte der Stadtteil angeblich dem Fischer Joachim von Lohe. Dieser eröffnete 1535 eine Kneipe nahe der damaligen Stadtgrenze, die daraufhin vom Hamburger Rat als „All to nah" an der Stadtgrenze befunden wurde. Dieser Plattdeutsche Ausspruch heißt übersetzt „all zu nah". So wurde aus einer Kneipe der Stadtteil Altona!

SNACKEN OP PLATT

Das in Norddeutschland noch immer verbreitete Plattdeutsch ist nicht nur der beliebteste Dialekt Deutschlands, sondern war ursprünglich die Amtssprache der Stadt. Heute sprechen aber leider nur noch etwa 100.000 Hamburger diesen schönen Dialekt.

HANSEAT, HAMBURGER ODER DOCH QUIDDJE?

Auch wenn sich Hamburg als recht offen präsentiert, so gibt es feine Unterschiede zwischen den Bewohnern der Hansestadt beziehungsweise deren Bezeichnung. Es wird zwischen den Zugezogenen, den sogenannten Quiddjes, den gebürtigen und den geborenen Hamburgern unterschieden. Und dann gibt es natürlich auch noch den Hanseaten. Um als gebürtiger Hamburger zu gelten, muss man hier auch

Hamburg

geboren sein. Um aber ein „waschechter" beziehungsweise ein sogenannter „geborener Hamburger" zu sein, müssen mindestens die Eltern bereits „gebürtige Hamburger" gewesen sein.

FREIE HANSEATEN

Die Hanseaten halten sich sozusagen für den Hamburger „Adel" – jedoch ohne Titel! Dafür aber mit Macht und Einfluss aber vor allem auch mit Prinzipien. So gilt, dass ein echter Hanseat beispielsweise keine Orden oder Auszeichnungen annimmt. Deshalb hat Helmut Schmidt seinerzeit auch das Bundesverdienstkreuz mit den Worten abgelehnt: „Es gibt über Dir keinen Herren und unter Dir keinen Knecht". So steht es im hanseatischen „Ordelbook" von 1271. Der Hanseat bekomme seinen Lohn nämlich in dem Bewusstsein der erfüllten Pflicht, nicht etwa durch Auszeichnungen. Genügsam!

HAMBURGER ABWASSER

In Hamburg entstand 1856 das erste fortschrittliche Kanalisationssystem des europäischen Festlandes.

UNTER DEM MEER

Die tiefste Stelle der vierten Röhre des Elbtunnels liegt 27 Meter unter der Wasseroberfläche. Gebaut wurde diese 2002 mithilfe der weltgrößten Schildvortiebsmaschine, die liebevoll TRUDE (TiefRunterUnterDieElbe) getauft wurde. Heute findet man sie im Barmbecker Museum.

DIE (HAM-)BURG

Das Hamburger Wappen prägt eine weiße Burg vor rotem Hintergrund. Bis zu der seit 1834 festgelegten Version gab es jedoch etliche Varianten mit geschlossenem oder geöffnetem Tor, mit oder ohne Fallgitter. Und auch die Farben waren bis 1752 genau andersherum!

Hamburger Wappen

STUHLMANN-BRUNNEN

Dieser Brunnen ist das größte Denkmal Altonas und sogar das zweitgrößte der Stadt Hamburg. Es wurde am 1. Juni 1900 vor dem alten Hauptbahnhof in Altona bei so genanntem Kaiserwetter eingeweiht.

KAISER WILHELMS GEHEIMES ZIMMER

1904 wurde für Kaiser Wilhelm II. am Baumwall ein Sieleinstieg errichtet. Genauso wie ein unterirdischer Umkleideraum für den „Reisekaiser", der im Laufe der Zeit zugemauert wurde. Erst 2014 wurde dieser wiederentdeckt und renoviert.

„ZUR EHRE GOTTES, ZU HAMBURGS WOHL"

Am 29. Oktober 1888 reiste Kaiser Wilhelm II. nach Hamburg, um die Speicherstadt einzuweihen. Dies tat er, indem er dreimal auf einen Stein schlug und sagte: „Zur Ehre Gottes, zum Besten des Reichs, zu Hamburgs Wohl".

DIE ZITRONENJETTE

Henriette Johanne Marie Müller, von allen nur Zitronenjette genannt, verkaufte um 1880 Zitronen am Grasbrook und nachts in Kneipen der Neustadt. Die knapp 1.30 Meter große Frau verfiel immer mehr dem Alkohol und wurde im August 1896 wegen Trunkenheit und geistiger Verwirrung in die Separat-Irren-Anstalt Friedrichsberg in Barmbek eingeliefert. Ein Denkmal in der Nähe vom Michel erinnert noch die Zitronenjette: „Dein Leben war sauer wie die Zitronen, soll sich das Erinnern an dich lohnen? Dein Schicksal erinnert an all die Leute, für die das Glück gar keine Zeit hat."

GEBT WITWEN EIN ZUHAUSE

Die Krameramtsstuben gelten als die älteste geschlossene Reihenhaussiedlung der Welt. Sie wurden zwischen 1620 und 1700 erbaut. Im Jahr 1670 kaufte das Krameramt die bereits bestehenden Wohnungen, um hier zwanzig Witwenwohnungen einzurichten.

ZUM AFGHANISCHEN MUSEUM, HIER LANG!

In der Speicherstadt findet man allerlei, so auch ein Afghanisches Museum. Wie es da hin kommt? Die Entstehung verdankt es den in Hamburg ansässigen Teppichhändlern. Übrigens, etwa 100.000 Afghanen sollen in Hamburg leben.

GRÖSSENWAHN, MAL WIEDER!

Das Hitler größenwahnsinnig war, ist kein Geheimnis. Seine Pläne Hamburg so umzugestalten, dass es mit New York konkurrieren kann, stellen die Ausmaße seiner geistigen Umnachtung aber mal wieder in ein vollkommen neues Licht.

DIE PATRIOTISCHE GESELLSCHAFT VON 1765

Die Patriotische Gesellschaft wurde 1765 als „Hamburgische Gesellschaft zur Beförderung der Künste und nützlichen Gewerbe" gegründet. Der Zweck dieser Gesellschaft ist es, das Gemeinwohl der Vaterstadt, also Hamburg, und ihre humane Entwicklung zu fördern.

DIE ERRUNGENSCHAFTEN DER PATRIOTISCHEN GESELLSCHAFT

Der Patriotischen Gesellschaft von 1765 hat Hamburg viel zu verdanken. Beispiele sind die Einführung von Blitzableitern und des Kartoffelanbaus, die Gründung der ersten europäischen Sparkassa 1778 und die Gründung der Hamburger Öffentlichen Bücherhallen. Wir finden, ein Dank ist hier mehr als angebracht!

DAS ERSTE AUTO HAMBURGS

Friedrich Hermann Faerber, Gründer des „Panoptikums", hat sich das allererste Automobil Hamburgs angeschafft. Geliefert wurde der Benz Patent-Motorwagen „Vis-à-vis" im Jahr 1894 mit der Bahn. Statt einer Gebrauchsanweisung wurden damals noch Werks-Ingenieure mitgeliefert, die die Aufgabe hatten, den Kunden zu unterweisen.

HAMBURGS MILITÄR

1814 wurde das Hamburger Bürgermilitär, auch „Hanseti-sche Bürgergarde" genannt, gegründet. Hierbei handelte es sich um eine bürgerliche Wehrformation der Freien und Hansestadt Hamburg, die aus wehrpflichtigen Bürgern und Stadtbewohnern gebildet wurde. Bis 1864 blieb diese bestehen.

KULINARISCHES

Von Alsterwasser, Koks
und Hamburgern

Hamburger essen nur Fisch und einige Verrückte vielleicht noch diese Aalsuppe von dem man so oft hört, aber lieber die Finger davon lässt? Tatsächlich hat Hamburg viele kulinarische Köstlichkeiten und Finessen zu bieten. Aber wieso hier Koks als Getränk gilt und wie die Kombination aus Essen und Achterbahn funktioniert, lest selbst!

PROST, ABER BITTE OHNE KOT

Früher wurde das Wasser für das Brauen des Bieres direkt aus den Fleeten genommen. Problem dabei: hier landete auch der ganze Dreck der Stadt. Lösung des Problems: Die Bewohner wurden dazu aufgefordert an den Tagen bevor gebraut wurde nicht „in die Alster oder deren Fleete zu scheißen". Aus Ermangelung an Toiletten bleib den Einwohnern des Gängeviertels nämlich normalerweise nichts anderes übrig.

RIESEN-MUFFIN

Der größte Muffin Deutschlands wurde 2010 in Hamburg gebacken und wog 88,7kg.

SPICY

Das „Hot Spice Museum" ist seit 1993 das einzige Gewürzmuseum weltweit. Es ist in der Speicherstadt im Hafen von Hamburg zu finden. Besucher können hier auf 350 Quadratmeter über 800 Exponate aus den letzten fünf Jahrhunderten entdecken.

ALC

C-FETISCHISTEN

Die Hamburger haben eine Vorliebe für den Buchstaben C.
Auf den Hamburger Bahnhöfen findet man Schilder mit dem
Wort „Alkoholverbot". Beim zugehörigen Zeichen wird das
Wort dann mit C anstatt mit K abgekürzt - also „ALC". Auch
die Hamburger Stadtmitte ist nur durch Schilder mit dem
Wort „Centrum" zu finden. Wir warten's ab - bald gibt es
wohl auch ein Parcverbot.

RIESEN-BOHNE

Die wohl größte Skulptur einer Kaffeebohne steht auf dem
Coffee-Plaza in der Hamburger HafenCity. Sie ist fünf Meter
groß und wiegt drei Tonnen!

HAMBURGER OR HAM-BURGER?

Die erste klassisch deutsche Frikadelle, die später zusammen mit Brot, Salat und Saucen zum Bestandteil der beliebten American Hamburger wurde, wurde in den USA auf der Weltausstellung in St. Louis 1906 angeboten. Und wer kam auf die Idee? Richtig, ausgewanderte Hamburger! Solche haben außerdem auch 1874 ein zweites Hamburg im Staat New York bei Buffalo gegründet.

NORDDEUTSCHER WEIN

Der nördlichste Weinberg Deutschlands liegt oberhalb der Landungsbrücken und ist 500 Quadratmeter groß. Wer allerdings glaubt, dort werde ordinärer Wein hergestellt, hat die Rechnung ohne die stolzen Hanseaten gemacht: Die abgefüllten 0,357-Liter-Flaschen des „Stintfang Cuvée" werden nur an ehrenwerte Gäste der Stadt verschenkt.

WILDES ESSEN

In dem Restaurant „Schwerelos" in Hamburg-Harburg werden die Mahlzeiten über eine Abschussrampe und gewundene Schienen an die Gäste geliefert – ein Achterbahn-Restaurant!

FRANZÖSISCHE BRÖTCHEN AUS HAMBURG?

Das Franzbrötchen hat seinen Namen keinesfalls Frankreich zu verdanken. Woher genau der Name stammt, ist unklar. Einige sehen den heiligen Franziskus als Namensvorbild, andere das damals in Hamburg weit verbreitete Franzbrot,

das dem heutigen Baguette sehr ähnlich war. Fakt ist, dass es eine hamburgische, süße Gebäckspezialität ist, die außerhalb Hamburgs nur wenig Popularität genießt. Dabei ist es wirklich lecker, das Franzbrötchen.

EIN KOKS AUF EX!

„Koks" findet man in Hamburg kaum noch - zumindest in dieser Form. Dieses Koks ist nämlich nur was für die wirklich harten Kerle. Man nehme ein Zuckerstück, tränkt es in Rum, bestreut es mit groben Krümeln von Kaffeebohnen und voilà: Fertig ist das selbstgemachte Koks. Und mit der Substanz dürfte sogar die Polizei einverstanden sein.

„WHITE HOUSE" IN HAMBURG

Nicht nur der Präsident der Vereinigten Staaten lebt im Weißen Haus. In Hamburg gibt es gleich zwei Häuser die diesen Namen offiziell tragen. Das eine liegt in Blankenese an der Elbchaussee und wurde 1792 für eine wohlhabende Kaufmanns- und Reederfamilie erbaut. Das zweite „Weiße Haus" ist ein ehemaliges Lotsenhaus, welches zu einem gehobenem Restaurant umgebaut wurde.

DIE RICHTIGE MISCHUNG

Ein echtes „Alsterwasser" besteht aus zwei Dritteln Bier und etwa einem Drittel Zitronenlimonade.

RUNDBRÖTCHEN ODER DOCH FRIKADELLE?

Das Hamburger Rundstück ist die historische Vorlage für

den heutigen „Hamburger" – also die Frikadelle im Brötchen. Will man also einen Hamburger Schlachter (in Hamburg sagt man Schlachter, nicht Metzger!) glücklich machen, dann fragt man nach einem Rundstück – nicht nach einer Frikadelle.

FRISCHES VOM MARKT

Der Fischmarkt ist einer der bekanntesten Standorte Hamburgs. Gelegen an der Elbe ist er ein Paradies für Fischliebhaber. Aber es gibt noch einige andere Möglichkeiten frisch einzukaufen. Mit rund 100 Wochenmärkten hat Hamburg so viele wie keine andere Stadt in Europa.

Fischmarkt

EIS-PAVILLION

Die erste Eisdiele Deutschlands entstand vermutlich 1799 im Alster-Pavillon.

KÖTTBULLAR ZUM GREIFEN NAHE

Der bisher einzige Innenstadt-IKEA weltweit befindet sich in Altona in Hamburg. Um die Einkäufe von der Fußgängerzone ins traute Heim zu bringen, setzt der schwedische Konzern hier auf Fahrradkuriere. Man kann also in aller Ruhe einkaufen, das günstige Mittagessen genießen und sich einstweilen die Möbel liefern lassen. Ob sich das Konto da freuen wird?

BIST DU HIP, TRINKST DU FRITZ!

fritz-kola, ein „feiner norddeutscher Name" für ein feines norddeutsches Getränk. Die beiden Entwickler, Lorenz Hampl und Mirco Wolf, stammen natürlich aus Hamburg. Und von Hamburg aus startete auch der Siegeszug dieses In-Getränks. Was so besonders an dem Getränk ist? Weniger süß als das weltbekannte Pedant, hat fritz-kola die dreifache Dosis an Koffein. Damit streichelt sie die gesetzlich zugelassene Höchstmenge nur sanft, überschreitet sie aber nicht.

INOFFIZIELLES NATIONALGETRÄNK

Die vielleicht bekannteste Marke Hamburgs ist Helbing Kümmel. Inoffiziell wird Helbing Kümmel auch als Nationalgetränk Hamburgs bezeichnet: Im Hamburger Rathaus wird der Kümmelschnaps bei allen offiziellen Anlässen serviert.

KLEIN UND KLEIN

Das Getränk Lütt un Lütt - plattdeutsch für klein und klein - hat vermutlich seinen Ursprung im Hamburger Hafen. Es war ein beliebter Schluck zum Schichtende der Hafenarbeiter. Kööm (norddeustcher Aquavit) und Bier werden hier während des Trinkvorgangs miteinander vermischt. Lütt un Lütt wird, wenn man es kann, mit einer Hand aus den beiden Gläsern gleichzeitig getrunken. Das kleine Bierglas wird dabei mit dem Daumen und dem kleinen Finger gehalten. Das kleine Schnapsglas wird mit dem Mittel- und dem Ringfinger so über dem Bierglas gehalten, dass beim Trinken der Kööm zuerst in das Bier und damit zusammen dann in den Mund läuft. Oder man lässt diese Kinkerlitzchen und trinkt das einfach zusammen.

MISSVERSTANDENE SUPPE

Man munkelt, dass die Hamburger Aalsuppe traditionell gar keinen Aal enthält. So gilt sie als Resteessen, bei dem „allens rinkümmt" was sich so in der Küche befindet. Der Aal gilt nur als ein Zugeständnis an Gäste der Stadt, um sie nicht zu enttäuschen.

ANGLERPARADIES

Die Hamburger Gewässer sind mit über 90 verschiedenen Fischarten sicherlich ein Mekka für Angler. Dabei muss man aber bei Fisch aus der Elbe auch vorsichtig sein. Die städtischen Behörden empfehlen aufgrund des hohen Schiffsverkehrs nicht mehr als ein bis zwei Kilogramm pro Monat zu essen.

Anglerparadies

TRINKFESTE HAMBURGER?

Laut einer offiziellen Statistik des deutschen Brauerbundes trinken die Hamburger durchschnittlich 17 Liter Bier pro Kopf im Jahr. Im Vergleich mit 52 Litern, die in Sachsen pro Kopf verzehrt werden, ist diese Statistik allerdings nahezu unglaublich …

KAFFEESPEICHER

Der Handel mit Kaffee ist schon seit über 300 Jahren ein Teil Hamburgs und einer der Hauptgründe für die Erbauung der Speicherstadt. Noch heute ist Hamburg mit einer Million Tonnen Rohkaffee pro Jahr Europas größter Umschlagspunkt für Kaffee.

KAFFEEERFINDER UND KOFFEINENTDECKER

In Hamburg wurde 1668 nicht nur der erste Kaffee Deutschlands im Hamburger Ratskeller ausgeschenkt, 1677 entstand auch das erste Kaffeehaus Deutschlands in der Hansestadt. Als ob das noch nicht genug Entdeckergeist wäre, konnte der Hamburger Chemiker Friedrich Ferdinand Runge zuerst die organische Verbindung des Kaffees als „1,3,7-Trimethyl-3,7-dihydro-2H-purin-2,6-dion" definieren. Heute weltweit bekannt als Koffein.

DER WELT-ASTRA-TAG

Schon seit 1997 wird in Hamburg ein ganz besonderer Tag gefeiert, der Welt-Astra-Tag. Mitte August wird das Lieblingsbier der Hamburger auf der Bühne an den Landungsbrücken mit internationalen Stars gebührend gefeiert. Und eines darf bei der Party natürlich nicht fehlen: Astra en masse.

EINEN GEHÄNGTEN, AUF EX!

Bitte was? Bei einem Gehängtes handelt es sich um eine Spezialität auf St. Pauli. Man nehme einen Shot Wodka und spieße eine Sardelle auf einem Zahnstocher auf, positioniere diesen quer über das Shotglas und fertig ist dieses kuriose Getränk. Jetzt noch die Augen zu und runter damit. Prost!

UNTERHALTSAMES

Hamburger Vergnügungen
im Wandel der Zeit

Norddeutschen Humor gibt's gar nicht? Er ist zugegebenermaßen manchmal schwer zu finden - was nicht heißt, dass man nicht mal schmunzelt. Was ist ein Peffersack? Wer war Klein Erna? Welche Rekorde stellt die Hansestadt an der Elbe auf und welche Verbindung hat der Hamburger Bürgermeister zur Britischen Queen? Lesen und staunen!

VENEDIG DES NORDENS

Wer an Brücken denkt, denkt meist an Venedig. Fälschlicherweise, denn im europaweiten Verglich führt Hamburg tatsächlich die Liste der brückenreichsten Städte mit etwa 2.485 Brücken an. Somit hat Hamburg übrigens auch mehr Brücken als Venedig, Amsterdam und London zusammen. Wer uns nicht glaubt, der kann gerne nachzählen gehen.

„MOIN!" „TSCHÜSS."

Der norddeutsche Gruß „Moin" wird von morgens bis abends verwendet und hängt nicht mit „Morgen" zusammen. Vielmehr stammt es vom plattdütschen „Moi" und bedeutet so viel wie „gut". Und das zum Abschied verwendete „Tschüss" stammt tatsächlich vom lateinischen „ad deum" ab, genau wie etwa „adiós" oder „adieu". Aus dem altdeutschen „adjüs" wurde einfach nur Tschüss!

HELLES WASSER

Elbe leitet sich von dem lateinischen Wort „albia" ab und bedeutet „helles Wasser".

Hunde

HANSEATISCHE TÜREN

Hamburg ist Deutschlands einzige Metropole, in der die Stadtteile ursprünglich unterschiedliche Innentüren haben und diese sogar benannt sind. Insgesamt gibt es acht verschiedene Modelle: Hamburg, Nienstedten, Eppendorf, Winterhude, Harvesterhude, Blankenese, Bergedorf und Altengamme, die sich in Breite, Verzierung und Länge unterscheiden. Viele wurden jedoch leider abgerissen oder ersetzt, schade drum!

HUNDE NICHT ERWÜNSCHT

In Hamburg erscheint die Zeitschrift „Kot und Köter - Die Zeitschrift für den Deutschen Hundefeind".

SAUBERE HUNDE

Wer saubere Hunde sehen will, wird in Hamburg sicher nicht enttäuscht werden, immerhin wurde hier 2005 die erste Hundewaschanlage Deutschlands eröffnet.

KLEIN ERNA

Klein Erna ist die Hauptperson der gleichnamigen typischen Hamburger Witze, die durch ihre lakonischen Pointen bekannt sind: „Beim Tierpark Hagenbeck: ‚Klein Erna, geh nich so nah ran an die Eisbären - bist sowieso schon erkältet!'". Die Figur Erna Pumeier geht übrigens auf die reale Person Erna Nissen zurück.

HANSEATISCHE PORSCHEFAHRER

Die meisten Porsche auf 1.000 Pkw fahren in Hamburg. Hier

sind es nämlich statistisch gesehen 5,89.

DU PFEFFERSACK, DU!

Als Pfeffersack bezeichnet man hanseatische Kaufleute, die ähnlich wie Dagobert Duck nur die Vermehrung ihres Vermögens im Kopf haben. Früher war Pfeffer so wertvoll, dass er mit Gold aufgewogen wurde - und für den Reichtum eines manchen Kaufmannes gesorgt hat. Daher die abfällige Bezeichnung Pfeffersack für geld- und machtgierige Individuen.

GUT FÜR DEN HINTERN

Der pittoreske Stadtteil Blankenese kann mehr als nur schön sein: Mit fast 5000 Stufen (für Korinthenkacker: Es sind exakt 58 Treppen mit 4864 Stufen!) zählt Blankenese zu den treppenreichsten Vierteln und zwar weltweit! Wer sich das Fitnesscenter sparen möchte, kann sich hier also auch gut austoben.

ENTENHAUSEN IN HAMBURG

Der Daniel-Düsentrieb-Preis wird jährlich an Schulen vergeben und von der Technischen Universität Hamburg-Harburg und dem Verein Deutscher Ingenieure (VDI) ausgeschrieben. Die Schüler müssen sich im Zuge des Wettbewerbs mit Fragestellungen naturwissenschaftlich-technischer Herkunft auseinandersetzen.

ER LÜGT! LÜGT ER?

In Hamburg nennt man die Fremden - insbesonders die

Michel

Barkassenführer - He lücht. Diese erzählen den Touristen bei Hafenrundfahrten neben sachlichen Informationen auch Übertreibungen, Anekdoten, harmlose Unwahrheiten und sonstiges Seemannsgarn: „Vom Turm des Michel aus kann man drei Meere sehen: Tagsüber das Häusermeer, abends das Lichtermeer und nachts gar nichts mehr." He lücht ist übrigens niederdeutsch für „er lügt" - also nicht alles glauben, was man hört!

DER MICHEL

Die Hamburger St. Michaelis Kirche, genannt Michel, ist nicht nur eines der Wahrzeichen der Hansestadt, sie hat auch die größte Turmuhr Deutschlands. Während der Minutenzeiger stolze 4,91 m lang ist, bemisst der Stundenzeiger 3,65 m - bei einem Gewicht von jeweils 130 kg.

SIEGFRIED ODER ROY?

Die Pony-Bar im Grindelviertel hatte sich etwas ganz Originelles für die Kennzeichnung der unterschiedlichen Toiletten einfallen lassen. Anstatt spießbürgerlich wie die meisten Etablissements die Türen mit Männlein und Weiblein beziehungsweise einem passenden Symbol zu beschriften, prangte auf einer Türe „Siegfried" und auf der anderen „Roy". Ob man den richtigen Eingang gewählt hatte, hat man meistens erst bemerkt, wenn es zu spät war. Heutzutage kann man dies natürlich nicht mehr machen und die Beschriftung ist so spießig wie andernorts.

DIE SCHÜCHTERNEN NORDDEUTSCHEN?

Mehr als die Hälfte der hamburgischen Haushalte sind Singlehaushalte.

DAS HAMBURGER SCHLOSS

Der Londoner Buckingham-Palast, die Residenz der Queen, ist schon ein imposantes Gebäude mit seinen 641 Zimmern. Aber das Hamburger Rathaus beherbergt insgesamt 647 Zimmer.

BEAMTENSACKGASSE

Im Stadtteil Norderstedt gibt es eine Straße mit den Namen „Beamtenlaufbahn". Böse Zungen sehen hier eine Andeutung auf den Beamtenberuf – es handelt sich nämlich um eine Sackgasse!

KLEINSTE FEUERWEHR

Auf der zur Hansestadt gehörigen Insel Neuwerk in der Nordsee schiebt die kleinste freiwillige Feuerwehr Deutschlands Dienst: Sieben Männer und zwei Frauen bekämpfen hier das Feuer.

FREIE SCHWANENSTADT

Die Legende besagt, dass Hamburg nur solange als „Freie und Hansestadt" gilt, solange Schwäne auf der Alster sind.

HOCH HINAUS!

Die Fontäne auf der Binnenalster pumpt von März bis November stündlich 170.000 Liter Alsterwasser auf eine Höhe von 60 Meter.

GRÜNE METROPOLE

In Hamburg gibt es insgesamt 29 Naturschutzgebiete mit einer Fläche von 6.123 Hektar. Das sind mehr als acht Prozent der gesamten Landesfläche, soviel wie in keiner anderen deutschen Großstadt!

VON WEGEN SCHMUDDELWETTER!

Hamburg und Norddeutschland haben bundesweit den Ruf vom ewig schlechten Wetter – dem berühmten „Schmuddelwetter". Statistisch betrachtet regnet es in der Hansestadt aber nicht häufiger als beispielsweise in München oder Köln und mit 1.500 Sonnenstunden liegt sie auch hier im Durchschnitt.

SO REICH UND DOCH SO ARM?

Obwohl Hamburg die meisten Millionäre Deutschlands beherbergt, so ist es doch vor den beiden anderen deutschen Stadtstaaten Bremen und Berlin das höchstverschuldete Land der Bundesrepublik.

HANBAO

In China heißt Hamburg „Hanbao" – Burg der Chinesen. Eine Andeutung etwa auf die wichtigen Handelsbeziehungen der Chinesen mit Hamburg?

UMWELTBEWUSSTE METROPOLE

Für die städtischen öffentlichen Gebäude bezieht Hamburg
zu 100% Ökostrom.

GESPENSTISCHER STADTTEIL

Der Stadtteil Altenwerder bei Harburg hat keinen einzigen
Bewohner mehr. 1973 wurde das Gebiet endgültig zur Ha-
fenerweiterungsfläche ernannt und die dortigen Grundstücke
durch die Stadt aufgekauft. Der letzte Einwohner verließ sein
Grundstück 1998, allein eine alte Kirche samt Friedhof erinnert
an frühere Zeiten. Als kleine Wiedergutmachung findet in dieser
Kirche allerdings alle zwei Wochen ein Gottesdienst statt.

MEHR ALS NUR EIN FRIEDHOF

Der Ohlsdorfer Friedhof hat eine Ausdehnung von über 400
Hektar. Damit ist er der viertgrößte Friedhof der Welt, aber
der größte Friedhof Europas. Er gilt als der größte Parkfriedhof und ist Hamburgs größte Parkanlage. Zu sehen gibt es
hier auch mehr als genug, denn die Besucher erwarten mehr
als 235.000 überkonfessionelle Grabsteine, über 800 Skulp-
turen und rund 36.000 Bäume.

POST INS JENSEITS

Der Ohlsdorfer Friedhof hat eine eigene Postleitzahl, die
22337. Der Friedhof ist mit 391 Hektar auch der größte
Parkfriedhof der Welt. Insgesamt wurden hier seit der Eröff-
nung 1877 1,7 Millionen Menschen beerdigt, darunter einige
lokale Größen wie Hans Albers, Loki Schmidt oder jüngst

Ohlsdorfer Friedhof

seit Februar 2016 der Schriftsteller und Journalist Roger Willemsen.

ALTES LAND, GUTES LAND

Das „Alte Land" ist ein Teil der Elbmarsch und nicht nur Hamburgs Obstgarten, sondern auch das größte zusammenhängende Obstanbaugebiet Mitteleuropas. Auf einer Fläche

HafenCity

von rund 10.700 Hektar wird nur Baumobst angepflanzt - 77 Prozent Äpfel und knapp 13 Prozent Kirschen.

DIE GRÖSSTE BAUSTELLE EUROPAS

Hamburgs HafenCity gilt als Europas größtes innerstädtisches Bauprojekt.

HAMBURGER KARNEVAL

Über den jedes Jahr im Rheinland begangenen Karneval können Nordlichter normalerweise nur schmunzeln. In Hamburg findet jedes Jahr eine Art von Karneval statt, der „Venezianische Maskenzauber an der Alster", auf welchem sich die Besucher in einem barocken, venezianischen Stil zeigen.

PROMINENTE ZUM ANFASSEN

Das ist seit 1871 in Deutschlands ältestem Wachsfigurenkabinett auf St. Pauli möglich. Im „Panoptikum" sind insgesamt 120 Persönlichkeiten der Geschichte, Kunst und Politik anzutreffen.

BESTENS VERNETZT

Nach New York City und Hongkong sitzen in Hamburg die drittmeisten Konsulate weltweit. Mit derzeit 98 führt Hamburg also auch die Liste der europäischen Städte an.

THEATRALISCHES HAMBURG

In der Hansestadt gibt es etwa 40 Theater jeder Größe - bis hin zum größten Sprechtheater Deutschlands: dem Deutschen Schauspielhaus.

BESTIMMUNG VERFEHLT?

Im Hamburger Rathaus gibt es eine Brautpforte sowie eine Brauttreppe. Kurios: Noch nie ist ein Brautpaar über diese gegangen.

ALTE TURNER

Die „Hamburger Turnerschaft" gilt als der älteste Turn- und Sportverein der Welt. Gegründet 1816, gehören ihm heutzutage noch immer mehr als 6.000 Mitglieder an.

BULLE UND STIER

Ist Frankfurt am Main heute die Börsenhauptstadt der Bundesrepublik, so war es doch die Hansestadt Hamburg, die 1558 die erste Börse Deutschlands gegründet hat.

GAS GEBEN, BITTE!

Neben dem Miniaturwunderland besitzt die Hansestadt noch eine weitere Miniaturbahn. In Wandsbek steht die größte Carrerabahn Europas. Hier dürfen die Gäste die kleinen Autos auf sechs Rennstrecken schicken. Na dann, volle Fahrt voraus!

VERBUNKERTE BURG

Mit etwa 700 intakten Bunkern im Stadtgebiet Hamburgs besitzt die Hansestadt so viele wie keine andere deutsche Stadt.

DER „TELEMICHEL"

Der Hamburger Fernsehturm, eigentlich „Heinrich-Hertz-Turm", benannt nach dem Physiker Heinrich Hertz, ist das höchste Gebäude der Hansestadt. Der in Anlehnung an den Michel von den Hamburgern „Telemichel" genannte Turm ist 279,2 Meter hoch und wurde 1968 fertiggestellt.

RUSSISCHE SPIONE IN DER HANSESTADT

Seit 2002 liegt das russische U-Boot B-515 im Hamburger Hafen und trägt hier die HAL Nummer U-434. Das Boot stand bis 2002 im Dienst der russischen Marine und ist eines der weltweit größten, nicht atomar betriebenen U-Boote.

ALTER SCHWEDE IN HAMBURG

Am Elbufer steht der mit 350.000 Jahren älteste Findling Deutschlands. In der Elster-Eiszeit von Schweden aus kommend, wurde er erst 1999 bei einer Elbvertiefung durch die Arbeiter entdeckt und mittels eines Schwimmkrans geborgen.

SHOPPINGVERGNÜGEN

In einer der beliebtesten Einkaufsstraßen Hamburgs, der Mönckebergstraße, stehen zwei europäische Rekorde. Der Elektronikmarkt Saturn am Hauptbahnhof ist genau wie das Schuhhaus Görtz das größte seiner Art in Europa.

DAS HAMBURGER KAPITAL

Die ersten 1.000 Ausgaben von Karl Marx kommunistischem Manifest „Das Kapital" wurden in Hamburg gedruckt.

NORDDEUTSCHES OKTOBERFEST

Das Münchener Oktoberfest ist das größte, beste und längste Volksfest Deutschlands? Denkste! Denn der dreimal im Jahr stattfindende Dom ist zumindest das zeitlich gesehen längste Volksfest Deutschlands. Und mit etwa zehn Millionen Besuchern jährlich auch das größte Norddeutschlands.

REICHES HAMBURG

Hamburg ist Deutschlands reichstes Bundesland. Das Bruttoinlandsprodukt, das als Gradmesser für Wohlstand gilt, beträgt jährlich rund 53.611 Euro pro Einwohner - das der Hauptstadt Berlins beträgt hingegen nur 30.642. Nach der

City of London, Luxemburg und Brüssel liegt die Hansestadt außerdem in der EU-Statistik auf Platz vier der wohlhabendsten Regionen Europas.

SCHNELLE VERBINDUNG

Der Abschnitt der heutigen Bundesautobahn 1 (A1) zwischen Bremen und Hamburg war weltweit die erste Autobahn - sie wurde 1937 fertiggestellt. Die heutzutage 749 Kilometer lange Autobahn ist bundesweit die drittgrößte.

HASPA

Mit der Hamburger Sparkasse verfügen die Hamburger aufgrund der rund 5.000 Mitarbeiter und einer Bilanzsumme von rund 41,9 Milliarden Euro über die größte Sparkasse Deutschlands.

„HANSEATISCHES SARG-DEPOT"

Noch heute gibt es in der Hansestadt 544 eingetragene Firmen mit den Beinamen „Hansa", „Hanse" oder „Hanseatisch". Allerdings haben diese Firmen leider absolut nichts mehr mit der ursprünglichen Hanse zu tun – der Begriff ist nämlich nicht rechtlich gesichert und kann von jedem im Namen getragen werden.

JUNGES HANSEATENKIND

Weil die zu Hamburg gehörende Nordseeinsel Scharhörn immer kleiner wird und daher wichtige Brutplätze für verschiedenste Vogelarten wegfallen, wurde 1989 innerhalb von 5 Wochen die neue Insel Nigehörn geschaffen. Die auf 1,2 Millionen Tonnen Sand begründete Insel gehört wie der Nachbar zu Hansestadt.

LEBEN IM KÜHLHAUS

In der Seniorenresidenz Augustinum in Hamburg leben 155 Rentner direkt am Wasser - in einem ehemaligen Kühlhaus. Das Gebäude wurde nämlich vor dessen Wiederaufbau als „Kühlhaus Union" von Schiffen aus der ganzen Welt mit deren Fischfang beliefert. Die exklusive Lage ist aber natür-

Augustinum

lich nicht für jede Geldbörse gemacht, man bekommt dafür allerdings täglich ein Drei-Gänge-Menü!

GROSSE HANSEATEN

Die größten Männer Deutschlands leben in Hamburg, zumindest wenn man nach der Körpergröße geht. Die Hanseaten weisen eine Größe von durchschnittlich 1,837 Metern auf.

LANGER UNTERGRUND

Mit 55,383 Kilometern ist die Linie U1 der Hamburg U-Bahn die längste U-Bahnlinie Deutschlands. Sie fährt insgesamt 46 Stationen an und fährt planmäßig 76 Minuten beziehungsweise 84 Minuten zu einer alternativen Zielstation.

SELTENES VERGNÜGEN

Das Hamburger Volksfest „Alstervergnügen" ist zwar sehr populär, fand in den letzten 40 Jahren allerdings nur sechs Mal statt, zuletzt 2012. In dem Jahr stürmten bis zu 500.000 Besucher die vereiste Alster. Schade, dass das Hamburger Schietwetter das Fest nur so selten zulässt.

DER „UR-ICE"

Anfang der 1930er Jahre entwickelte der gebürtige Hamburger und gelernte Schiffsbauingenieur Franz Kruckenberg den bis dato schnellsten Zug der Welt. Er adaptierte Elemente des Schiffsbaus für den Zugbau: Am Ende des Zuges verursachte ein großer Propeller, ähnlich wie bei einem Schiff, einen starken Vortrieb, sodass der Zug über 230 km/h erreichen konnte. Der zweite Weltkrieg stoppte allerdings die Weiterentwicklung dieses Zugtyps.

HAMBURG DOUBLE

Um die Hamburger Innenstadt nach den deutschen Bombenangriffen auf britische Städte im Zweiten Weltkrieg vor Vergeltungsschlägen zu schützen, bauten die Hanseaten auf der Außenalster ein Duplikat der Innenstadt aus Sperrholz, in der Hoffnung, die Briten würden die falsche mit der richtigen Stadt verwechseln – dumm nur, dass die britischen Medien zuvor davon berichteten.

HÄFTLINGE FÜR BRASILIEN

Um sich 1.824 gefangener Hamburger zu entledigen wurden diese nach Brasilien abgeschoben, damit sie den dortigen Kaiser Pedro I. durch einen Armeebeitritt unterstützen und seine Herrschaft sichern konnten.

UNSICHTBARES GOLD

Unter der Erde der Hansestadt gibt es tatsächlich Gold – allerdings ist es so gering konzentriert, dass es nicht einmal unter dem Mikroskop, sondern nur durch chemische Versuche bewiesen werden kann.

HAMBURGER ERDÖL

Tatsächlich wird in Hamburg seit etwa 70 Jahren Erdöl im Stadtteil Reitbrook gefördert – noch heute sitzt die Stadt auf etwa 340.000 Tonnen Öl. Man könnte also fast von einem kleinen „Hamburg-Arabien" sprechen!

RELIKTE AUS DER EISZEIT

Die Elbuferpartie zwischen Altona und Wedel verdanken die Bewohner Hamburgs der Eiszeit. Die hier vorzufindenden Geesthügel sind nämlich vom Eis aufgeschobene Grund- beziehungsweise Endmoränen. Na, wer hätte das gewusst?

NIVEA MIT NIVEAU!

Nivea gilt weltweit als die erfolgreichste Körperpflegemarke. Ihren Ursprung hat sie in Hamburg und gehört seit 1890 zur Beiersdorf AG. Das typische Nivea-Blau der Dosen gibt es in dieser Form übrigens erst seit 1924, zuvor waren sie in gelb-grün gehalten.

RIESE BEIERSDORF

Neben der bekannten Nivea-Crème hat die Beiersdorf AG mit Sitz in Hamburg-Eimsbüttel noch weitere Topmarken in ihrem Sortiment: Vom Lippenpflegestift „Labello", über die „TESA"-Klebebänder bis hin zu den „Hansaplast"-Pflastern.

BEWEGLICHE ERINNERUNG

In Hamburg sind 16 bewegliche Denkmäler registriert, die meisten hiervon sind Schiffe, aber auch ein Flugzeug oder der Siegelstempel des Hamburger Staates gehören mit zu diesen Denkmälern.

WER STECKT DENN DA DEN KOPF IN DEN SAND?

Der russische Aktionskünstler Andrey Kuzkin hat sich im November 2015 an der Hamburger Binnenalster nackt mit dem Oberkörper eingegraben. Für eine halbe Stunde ragten nur der Unterleib und die Beine des 35-jährigen Moskauers heraus - und das bei frischen 9 Grad! Klar, dass es da zum Abschluss erstmal einen Schluck Vodka gab!

ES STEHT GESCHRIEBEN ...

Die Verfassung der Freien und Hansestadt Hamburg besteht aus 77 Artikeln.

„ST. PAULI BIER" AUS BREMEN

In den USA hat es das „St. Pauli Bier" zum zweitmeist importierten Bier nach „Beck's" geschafft. Tatsächlich besteht zwischen dem Bier und dem Hamburger Kiez keinerlei Verbindung - das St. Pauli Bier geht auf das Bremer „St. Pauls Kloster" zurück, wo es auch gebraut wird.

GROSSER HÄNGER

Die Köhlbrandbrücke ist Deutschlands größte von Autos befahrbare Hängebrücke und die derzeit zweitlängste Straßenbrücke. Sie wurde von 1970 bis 1974 als eine neue Verbindung zwischen Norder- und Süderelbe gebaut. Bis dato wurden dafür neben der Elbfähren nur die seit 1887 benutzbaren Elbbrücken genutzt. Dennoch wird auch dieses Wahrzeichen spätestens 2030 ersetzt, da es den zukünftigen Herausforderungen nicht mehr gewachsen ist.

LÄNGER HOCH

Neben der Köhlbrandbrücke ist Hamburg auch Heimat der längsten Straßenbrücke. Die Hochstraße Elbmarsch ist insgesamt 4.258 Meter lang.

MODERNE BRÜCKEN

Hamburg hat nicht nur die längste Brücke Deutschlands, sondern auch die größte Hubbrücke Deutschlands. Die 1973 fertiggestellte Kattwyt-Brücke verbindet die beiden Elbufer und ist 290 Meter lang. Der Mittelteil der Brücke hebt sich alle zwei Stunden in die Höhe, um den Schiffsverkehr nicht zu beeinträchtigen.

HANSEATISCHER AUSSENMINISTER

Die Freie und Hansestadt Hamburg hat einen „Bevollmächtigten beim Bund, der EU und für Auswärtige Angelegenheiten". Seine Dienststelle, die „Botschaft", hat er in der hamburgischen Landesvertretung in Berlin.

KANZLER/INNENSTADT

Nicht nur der berühmte Bundeskanzler Helmut Schmidt stammt aus der Freien und Hansestadt, nein, auch die amtierende deutsche Kanzlerin Angela Merkel wurde hier unter dem Namen Angela Dorothea Kasner geboren. Einige Tage nach ihrer Geburt zog die Familie dann jedoch in die damalige DDR.

RAUCHEN IST DOCH ABER UNGESUND!

Helmut Schmidt soll in seinem Leben mehr als eine Millionen Zigaretten geraucht haben. Das sind in etwa sieben Kilogramm Teer, die der ehemalige Bundeskanzler da konsumiert hat.

KAISERLICHER VERLEGER

Der Hamburger Axel Springer, der Gründer großer Zeitungen wie der „Welt" oder der „BILD", ist eine der polarisierendsten Persönlichkeiten der deutschen Nachkriegsgeschichte. Dabei hätte eigentlich klar sein können, dass er mächtig werden würde - immerhin hieß er mit zweiten Namen Cäsar!

HAMBURGER ABENDBLATT

Die erste vom Hamburger Senat lizenzierte Tageszeitung, das „Hamburger Abendblatt", wurde 1948 vom Verleger Axel Springer gegründet.

HOCHSICHERHEITSTRAKT ELBCHAUSSEE NR. 257

Peter Tramm, ehemaliger Vorstandsvorsitzender des Axel Springer Verlags, war seiner Zeit einer der am meisten gefährdeten Wirtschaftsführer Deutschlands. Das erklärt auch, warum sein Haus an der Elbchaussee 257 einem Hochsicherheitstrakt glich: Stacheldraht, Videoüberwachung und 24 Stunden doppelter Personenschutz. Wer sich da nicht sicher fühlt …

F(L)IEGE MÖWE

Das in Moorfleet ansässige Logistikunternehmen „Fiege" wird

jährlich von einer Plage der ungewöhnlichen Sorte heimgesucht: Rund 4000 Möwen bewohnen in der Brutzeit das 70.000 Quadratmeter große Dach. Während der dabei entstehende Dreck den Eigentümern ein Dorn im Auge ist, bewundern Ornithologen ein tolles Biotop - die Möwen werden einfach nur froh über ihre persönliche Dachterrasse sein.

LÜTTE HAMBURGER GRÜPPCHEN
Wenn man in Hamburg zu zweit unterwegs ist, gilt man für den Hamburger Verkehrsverbund bereits als Gruppe und

U-Bahn Station

kann also mit einem Gruppenticket zum Kiez. Tatsächlich ist das nicht selbstverständlich, ist die offizielle sozialwissenschaftliche Definiton einer Gruppe immerhin „ein Gebilde von drei bis 25 Mitgliedern".

UNGEHORSAME KINDER?

Die Hamburger Lehrer durften ihre Schüler vergleichsweise lange mit Schlägen bestrafen - bis 1969. Immerhin nicht solange wie die Bayern. Diese durften bis 1983 aufgrund des „Gewohnheitrechtlichen Züchtigungrechts" prügeln.

ALSTERREGATTA

Auf der Alster wurde 1850 die erste Segelregatta Deutschlands ausgetragen.

FAULE HANSEATEN

Die Hamburger haben als letzter deutscher Teilstaat die allgemeine Schulpflicht 1870 für alle Kinder zwischen sechs und 14 Jahren eingeführt - da nahmen sie es wohl sehr ernst mit der Freiheit der Hanseaten. Doch anstatt ein strukturiertes Schulmodell einzuführen, sollten die Klassen aus mindestens 50 (!) Schülern bestehen - das Chaos war vorprogrammiert.

KANU-POLO

Die heutzutage wieder in Mode gekommene Sportart Kanu-Polo wurde eventuell von Hamburger Polizisten erfunden. Gesichert ist auf jeden Fall, dass der erste Wettkampf des Sports 1927 in Hamburg ausgetragen wurde. Da die verwendeten Boote jedoch erhebliche Schäden durch die Kollisionen davontrugen, geriet der Sport beinahe in Vergessenheit.

„STINKBÜDELSGANG"

Früher gab es in Hamburg viele Wege oder Gassen, die den Namen „Stinkbüdelsgang" trugen. Ein Stinkbüdel ist zwar in erster Linie ein Stinkstiefel, der immer Ärger sucht, die Gassen bekamen den Namen aber aufgrund des Stinkens. Oftmals war hier die Kolonisation nicht abgedeckt und der entsprechende Geruch wehte durch die Straßen.

DER HÜHNERPOSTEN

Einer der witzigsten Straßennamen Hamburgs ist zweifellos der Hühnerposten. Immerhin bekam die Straße den offiziellen Namen aufgrund einer Redensart. Früher gab es an der Straße weit außerhalb der Stadt einen Wachposten, der eigentlich keine Gesellschaft außer seinen Hühnern hatte. Daraufhin wurde er „Hühnerposten" getauft und die Straße kurze Zeit später ebenso.

WÄCHTER BISMARCK

Das „Bismarck-Denkmal" in den Hamburger Wallanlagen ist mit 34,30 Metern das größte Bismarckstandbild weltweit. Nahe am Hafen gelegen ist es eines der Wahrzeichen des Hamburger Hafens. Allein das Schwert in den Händen Bismarcks ist acht Meter lang.

Bismarck-Denkmal

THUSNELDASTRASSE OHNE TUSSIS

Laufen in der Thusneldastraße in Hamburg viele nervtöten-
de Frauen umher? Nein, die Thusneldastraße hat nichts mit
Tussis zu tun, sondern mit der Frau des Germanenfürsten
Arminius - der ja bekanntlicherweise die Schlacht im Teuto-
burger Wald gegen die Römer gewann. Dessen Frau hieß
Thusnelda und nach dieser ist die Straße benannt.

SENATSGEHEGE

Der Senat der Freien und Hansestadt Hamburg in einem Gehege? Eine komische Vorstellung. Tatsächlich gibt es aber
einen separaten Bereich im Hamburger Rathaus, in welchem
der Senat arbeitet. Der Begriff „Gehege" kommt hier jedoch
aus dem Mittelalter und meint eher den waffenfreien Raum.

HAMBURGS WASSER

Insgesamt 61 Quadratkilometer Hamburgs sind von Wasser
bedeckt, das macht 8,1% der Gesamtfläche. Während der
großen Sturmflut von 1962, die 315 Menschen das Leben
kostete, war die Stadt jedoch mit der doppelten Wasser-
menge geflutet.

OLIVIA JONES' MOPS

Der deutsche Travestiekünstler Oliver Knöbel, der eher unter
seinem Pseudonym Olivia Jones bekannt ist, nennt seine
Perücke liebevoll „Müffelmops". Wie es dazu kam, wollen wir
gar nicht so genau wissen!

SCHULTERBLATT, ABER WIESO?

Was hat das Schulterblatt bei der Sternschanze eigentlich mit Walen zu tun? Es verdankt seinen Namen einem beliebten Wirtshaus. Dieses hatte als Aushängeschild das Schulterblatt eines Wals. Leider ist es inzwischen geschlossen.

BITTE KEINE MADEN!

Die Feuerbestattung wurde in Hamburg 1892 eingeführt.

FRAUEN ANS STEUER!

Der Hamburger Verkehrsverbund war nicht nur der weltweit erste seiner Art, sondern erlaubte 1972 auch als erster deutscher Verkehrsverbund den Frauen das Busfahren!

PREISVERDÄCHTIG!

Der Nobelpreis ist für viele Physiker und Wissenschaftler ein großes Ziel und eine große Ehre zugleich. Die Hamburger Universität hat bereits vier Physiknobelpreisträger hervorgebracht: Otto Stern, Wolfgang Pauli, Hans Jensen und Wolfgang Paul.

LANGE LANDUNGSBRÜCKEN

Die Pontonanlage der Hamburger Landungsbrücken ist 688 Meter lang und kann durch neun Brücken betreten werden.

HELL UND PRUNKVOLL

Jeweils 287 Glühbirnen pro Kronleuchter erhellen den Großen Festsaal im Hamburger Rathaus.

LESSINGS GRANATEN

Das Denkmal für Gotthold Ephraim Lessing am Hamburger Gänsemarkt wurde 1940 fast eingeschmolzen, um daraus Granaten für den Zweiten Weltkrieg fertigen zu können.

FISCHDÜNGER

An Überfischung der Flüsse und Meere wurde im 19. Jahrhundert noch nicht gedacht. Teilweise wurden so viele Heringe gefangen, dass man sie sogar als Dünger benutzte.

BLUTIGER TATORT

Der erste Hamburger Tatort in dem Til Schweiger die Hauptrolle des Nick Tschiller übernahm, war der bis dahin blutigste in der Tatortgeschichte: In 90 Minuten gab es 19 Leichen.

TEURES WOHNEN

Liegt der Quadratmeter Bauland im deutschen Bundesdurchschnitt bei 85,- Euro, so kostet er in Hamburg stolze 393 Euro!

PFERDELIEBHABER?

Im Jahr 2013 wurden mindestens 3.800 Pferde in der Stadt Hamburg gehalten.

VERRUCHTES

Lüsterne Kieze und dubiose Typen

„Auf der Reeperbahn nachts um halb 1" - schon der blonde Hans wusste, dass St. Pauli vor allem zu später Stunde einiges zu bieten hat. Doch ob er auch vom slawischen Einfluss auf den Kiez, dem Usprung der beliebten Puffs und einer für Frauen verbotenen Straße gehört hat? Wir schon!

VOLLKOMMENE LUST?

Die Mariensterne auf dem Stadtwappen Hamburgs haben beide jeweils sechs Zacken. Passend zur hanseatischen Bescheidenheit die Zahl der irdischen Vollkommenheit - aber auch der Lust.

VIEL GELD AUF DEM KIEZ

Der umsatzstärkste Geldautomat steht nicht etwa in München, Frankfurt oder Düsseldorf, sondern in Hamburg, aber nicht im reichen Blankenese. Nein, der Geldautomat der Hamburger Sparkasse steht direkt gegenüber der Davidwache auf St. Pauli und hat im Jahr 2012 17 Millionen Euro ausgegeben – pro Monat!

1:800

In Hamburg kommt auf etwa 800 Einwohner eine Prostituierte, nämlich 122 auf 100.000 Bewohner. Tatsächlich ist die Rotlichtszene in Hamburg jedoch so verworren, dass diese Angaben nur auf Schätzungen der Verwaltung und der Polizei beruhen können, sodass von noch mehr Prostituierten ausgegangen werden muss.

BORDELLHAUPTSTADT?!

Wer denkt, die berühmt berüchtigte Reeperbahn und das St. Pauli Viertel ringsherum beherbergen die meisten Prostituierten Deutschlands, der hat die Rechnung ohne die Bayern gemacht: Augsburg, Nürnberg und München gehören zu den sieben größten Prostitutionsstädten der Bundesrepublik!

GANZ SCHÖN AKTIV

Laut einer Studie haben Hamburger 2,2 Mal pro Woche Sex. Damit liegen sie bundesweit auf Platz vier.

KNEIPENKIND

Jan Fedder wuchs im Herzen St. Paulis auf, wo sein Vater eine Kneipe betrieb und seine Mutter Tänzerin war. Die Eltern schlossen diese Kneipe jedoch immer bereits um 18 Uhr, damit die Söhne nicht mit Betrunkenen und Prostituierten in Kontakt kamen.

KIEZ-ERMITTLER

Fedder ist seit 1992 Teil der Stammbesetzung in der ARD Vorabendserie „Großstadtrevier" - ein fiktives Polizeirevier in Hamburg. Fedder, alias Dirk Matthies, ist nicht nur das Gesicht der Serie und das älteste aktive Mitglied, er kennt sich aufgrund seiner Kiezvergangenheit wohl auch am besten aus.

DIRK MATTHIES IM REVIER

Fans der ARD Erfolgsserie „Großstadtrevier" kennen den

Hamburger Polizisten Dirk Matthies aka Jan Fedder nur zu gut. Noch bekannter als dieses Revier ist aber wohl die Davidwache auf der Reeperbahn. Das Revier, welches die Wache überwachen muss, ist mit 0,92 Quadratkilometern das kleinste Polizeireviergebiet Europas.

LÜSTERNE WÜRFELSPIELE

Der heute umgangssprachliche Begriff „Puff" für „Bordell" geht auf ein altes Würfelbrettspiel zurück, dass eigentlich Wurfzabel hieß. Puff wurde es aufgrund des Geräusches der fallenden Würfel genannt. Man spielte es in Gasthäusern, in denen Prostituierte arbeiteten, sodass man also zum Spielen, sprich „zum Puff" ging.

Kiez

VON KIEZEN UND SLAWEN

Ursprünglich kommt der Begriff „Kiez" aus der dem Slawischen und heißt soviel wie „Ort, wo die Fischer wohnen." In Hamburg versteht man unter dem Kiez jedoch vor allem die Gegend um die Reeperbahn, sodass der Kiez für die Hanseaten ein Synonym für das Rotlichtmilieu ist. Ob die Slawen das erwartet haben?

VON JUNGFRAUEN UND IHREN VÄTERN

Der Jungfernstieg in Hamburg war die erste asphaltierte Straße Deutschlands. Seinen Namen bekam die Straße deshalb, weil Väter ihre Töchter mit dorthin nahmen, um sie den potenziellen Schwiegersöhnen zu präsentieren.

WERNER „MUCKI" PINZNER

Der Hamburger Pinzner war ein deutscher Auftragsmörder, der als St.-Pauli-Killer bekannt wurde. Nach einer Serie von Auftragsmorden erschoss er 1986, während einer Vernehmung im Hamburger Polizeipräsidium den ermittelnden Staatsanwalt, seine eigene Frau und sich selbst. Der Fall führte zu politischen Konsequenzen in der Hansestadt Hamburg und gilt als einer der spektakulärsten Fälle der Kriminalgeschichte der Bundesrepublik Deutschland.

DER SCHNEEKÖNIG

Ronald „Blacky" Miehling gilt als einer der größten ehemaligen Drogendealer Hamburgs. Im Laufe seines Lebens wurde er wegen schweren Raubes, fahrlässiger Tötung und

Rauschgifthandel zu über 30 Jahren Gefängnis verurteilt. Sein Leben wird im Dokumentarfilm „Der Schneekönig" behandelt. Nach seiner Entlassung 2014 gründete Ronald Miehling ein Modelabel und bot unter anderem T-Shirts mit Cocapflanzen-Aufdruck an.

HIER REGIERTE DAS KARTELL

GMBH, Nutella, Hamburger Jungs: Diese Namen stehen für die bekanntesten Zuhälterkartelle von Hamburgs Reeperbahn. Das erste große Zuhälterkartell auf der Reeperbahn war die GMBH. Namensgebend waren die vier Kiez-Größen Gerd, Mischa, Beatle und Harry, die als Chefs der mächtigsten Zuhältertruppe auf St. Pauli bekannt und berüchtigt waren. Sie fingen mit zwei, drei Mädchen an und kontrollierten schnell bis zu 120 Zuhälter und mehrere hundert Prostituierte. „Monatsgehalt" für jeden der vier war bis zu 200.000 Mark. Damit lässt es sich gut leben!

FRAUENVERBOT!

In der Herbertstraße im Rotlichtviertel von St. Pauli herrscht bis heute für Frauen Passierverbot – mit Ausnahme natürlich der 250 dort arbeitenden Prostituierten … Die Herbertstraße ist übrigens nicht nach einem bestimmten Herbert benannt. Viel mehr ist sie Teil des Benennungskonzepts „männliche Vornamen mit alphabetisch fortschreitendem ersten Buchstaben". Zu der Reihe gehören auch benachbarten Straßen David-, Erich- und Friedrichstraße.

Theoretisch gesehen hat diesen Frauenverbot natürlich keine rechtliche Grundlage, praktisch braucht man aber viel Selbstvertrauen oder eine gehörige Portion Mut als Frau die 60 Meter entlangzugehen.

PROSTITUIERTE WIE SAND AM MEER?

Wieviele Prostituierte gibt es wohl in den Rotlichtvierteln der Hansestadt an der Elbe? 1.000? 2.000? Die verblüffende Antwort auf die Anfrage eines Bürgerschaftsabgeordneten aus dem Jahr 2012: 29! Da kann doch etwas mit der Gewerbeanmeldung nicht stimmen …

CHINA-TOWN HAMBURG

Wer kennt sie nicht, die berühmten China-Towns in New York City oder Los Angeles? Aber auch Hamburg hatte ab 1900 für etwa 40 Jahre eine Art „China-Town" - auch wenn es sich hier eher um eine Straße auf dem Kiez gehandelt hat.

AKTENZEICHEN UNGELÖST

Die Polizei kann nur jede dritte Tat aufklären, die auf St.Pauli verübt wird. Im Jahr 2015 wurden in diesem Stadtteil 21.666 Delikte gemeldet.

MUSIKALISCHES

Hamburg, wie es singt, klingt und tönt

In Hamburg regiert der Hiphop zusammen mit den Electro-Beats. So heißt es zumindest. Doch auch der legendäre Hans Albers und der kettenrauchende Udo Lindenberg sind aus dem Stadtbild nicht mehr wegzudenken. Aber was war eigentlich Hans Albers Lieblingsfarbe? Und was hat Dieter Bohlen mit dem hohen Norden zu tun?

MUSIKALISCHE PROTESTE

Gegen die Räumung der Roten Flora in der Sternschanze haben sich auch einige Bands ausgesprochen. In Liedern wie dem „Flora Song" von den Roving Bottles oder Johnny Mausers und Captain Gibs' „Flora bleibt" wurde auf der musikalischen Ebene protestiert.

KLIMPERNDE HAMBURGER

Neben New York sitzt in der Hansestadt mit Steinway&Sons der Branchenprimus im Konzertflügelbau. Das seit 1853 in Hamburg ansässige Unternehmen deckt etwa 90 Prozent des weltweiten Flügelbedarfs.

JOHANNES BRAHMS, WAHLWIENER

Johannes Brahms vereint norddeutsche Zurückhaltung und Wiener Charme. Aber wie kam es dazu? Johannes Brahms wird in Hamburg zwar als Bürger der Stadt gesehen, wurde er doch innerhalb der Hamburgischen Grenzen geboren. Seine künstlerische Wahlheimat war jedoch Wien, die schöne Hauptstadt Österreichs. Wie es jedoch dazu kam, dass Brahms Hamburg den Rücken gekehrt hat? Nachdem ihm seine Vaterstadt die Dirigentenstelle bei der Philharmonischen Gesellschaft verweigert hat, nahm Brahms einfach eine Stelle in Wien an. Hier übertrug ihm die Gesellschaft der Musikfreunde die Leitung der Konzerte liebend gerne. Selber Schuld, Hamburg!

ODE AN DAS FRANZBRÖTCHEN
Das Franzbrötchen hat eine eigene Hymne. Diese wurde 2004 vom Hamburger Komponisten Sebastian Sprenger komponiert. Anlass hierfür war das Buch „Das Franzbrötchen".

VIER PILZKÖPFE, BITTE!
Den berühmten Pilzkopf ließen sich die Beatles im „Salon Harry", dem ältesten Frisörladen auf St. Pauli, schneiden.

IN THE MIDDLE OF NOWHERE
Wer Dieter Bohlen einen Besuch abstatten möchte, der hat es nicht weit. Dieser hat sich eine schöne Villa in Tötensen, südlich von Hamburg, zugelegt. Ein Begriff ist dieses Anwesen Bohlens den meisten Deutschen seit dem Raubüberfall im Jahr 2006. Damals haben sich zwei bewaffnete Täter Zutritt zum Haus verschafft und Bargeld in Höhe von 60.000 Euro erbeutet. Hat sich gelohnt, könnte man wohl meinen. Ob sich dann aber ein Tagesausflug zu dieser fraglichen Pilgerstätte lohnt, bleibt jedem selbst überlassen.

SPIELENDER KAUFMANN

Bevor der berühmte deutsche Volksschauspieler und Sänger Hans Albers ans Theater kam, begann er eine Kaufmannslehre in Frankfurt am Main.

BEINLOSER SCHAUSPIELER

Der junge Schauspieler Albers wurde 1915 als Infanteriesoldat im Ersten Weltkrieg eingezogen. In diesem wurde er an der Westfront so stark verletzt, dass die Ärzte beinahe sein Bein amputieren mussten - aber an Albers' Willen scheiterten.

KÄMPFERISCHE LIEBE

Hans Albers war mit der Tochter seines jüdischen Mentors Eugen Burg, Hansi Burg, zusammen. Nachdem die Nationalsozialisten an die Macht kamen, drängten diese den bereits bekannten Schauspieler zur Trennung von der jüdischen Tochter. Obwohl sie sich offiziell trennten, lebten sie weiter zusammen, bis Hansi aus Angst nach Großbritannien emigrierte. Nach dem Krieg kam sie zurück in ihre Heimat und lebte mit Hans bis zu seinem Tod 1960 zusammen.

DER BLAUE ENGEL

Hans Albers' Lieblingsfarbe war dunkelblau.

ZUM SILBERSACK, NACHTS UM HALB EINS

In der Kneipe „Zum Silbersack", nahe der Hamburger Reeperbahn, finden Hans Albers Fans ihr Paradies. Hier gibt es nämlich eine Jukebox, die sämtliche Hans-Albers-Singles abspielt. Wieder und wieder und wieder.

HAMBURGER UDO?

Hamburg ohne Udo Lindenberg? Kaum vorstellbar, schwärmt er doch seit Ewigkeiten von „seiner Hansestadt" und wohnt seit 1968 im Hamburger Atlantic Hotel. Bei so viel Hamburg-Verbundenheit überrascht es, dass Udo im westfälischen Gronau geboren wurde!

Stern von Udo Lindenberg

„I WAS BORN IN LIVERPOOL BUT RAISED IN HAMBURG."

Diese Aussage John Lennons liegt darin begründet, dass die Beatles ihre Weltkarriere von Hamburg aus starteten. Dort traten sie seit August 1960 regelmäßig auf dem Kiez auf - jedoch mit einigen Startschwierigkeiten: Der erst 17-jährige George Harrison wurde wegen der fehlenden Arbeitserlaubnis des Landes verwiesen. Kurz darauf mussten auch Paul McCartney und Pete Best Hamburg verlassen, da sie im Hotelflur ein Kondom verbrannt hatten. Dennoch traten sie ab 1961 wieder regelmäßig auf und nahmen im Juni ihre erste professionelle Platte auf.

HAMBURGER SCHULE

Auch die deutsche Popkultur wurde von den Hamburgern maßgeblich beeinflusst. Hamburger Bands wie „Blumfeld", „Die Sterne" und „Tocotronic" prägten ab Mitte der 1990er Jahre den Begriff der Hamburger Schule als eigenständiges Genre deutschsprachiger Musik in der Popkultur. Die Musik war oft von linkspolitischen Ideen, umfangreicher Gesellschaftskritik und postmodernen Theorien geprägt.

UDO UND DER TATORT

Bei der Titelmelodie des Tatorts spielte Udo Lindenberg das Schlagzeug.

MAMMA MUSICAL

Hamburg ist nicht nur Deutschlands Musicalstadt Nummer

1, sondern auch die drittgrößte weltweit. Lediglich New York und London haben mehr Musicals im Programm.

NICHT AUS DEM KOPF ZU KRIEGEN

Felix Mendelssohn Bartholdy, Sohn der Stadt Hamburg, wird eine enorme Erinnerungsgabe nachgesagt. So soll Mendelssohn einmal versehentlich die Partitur des Sommernachtstraums in einer Droschke liegengelassen haben. Kein Problem für das Genie: Er schrieb die gesamte Musik aus dem Kopf einfach noch einmal nieder.

Hamburg

GUT ANGEZOGEN!

Jan Delay erhielt 2012 die Auszeichnung „Krawattenmann des Jahres" vom Deutschen Mode-Institut.

WIE NIEDLICH

Der Spitzname der 110 Meter hohen Elbphilharmonie ist „Elphi". Nicht sonderlich kreativ, aber doch irgendwie süß.

GANZ SCHÖN IMPOSANT

Die gläserne Front der Elbphilharmonie wiegt 78.000 Tonnen und die Fassade erstreckt sich über 16.000 Quadratmeter. Das Gesamtgewicht des Gebäudes beträgt 200.000 Tonnen - und da soll noch einmal jemand von einem Idealgewicht sprechen.

GLÄSERNER ÜBERMUT?

Für die Glasfront der Elbphilharmonie wurden 1.096 unterschiedlich gebogene und bedruckte Glaselemente, die jeweils aus zwei Scheiben bestehen, extra in Italien anfertigen lassen. Jede der 1.096 Scheiben wurde aus gestalterischen Gründen und zum Sonnenschutz mit einem zusätzlichen Raster bedruckt - Fensterputzer will man hier nicht sein.

LEICHT VERSCHÄTZT

Ursprünglich waren die Kosten für den Bau der Elbphilharmonie bei rund 186 Millionen Euro angesetzt. Inzwischen ist man bei 866 Millionen Euro angelangt, von denen 789 Millionen die Steuerzahler blechen dürfen. Da kommt Freude auf!

HAT ALLES EIN ENDE?

Mit dem Bau der Elbphilharmonie wurde bereits im April 2007 begonnen. Die Fertigstellung war zunächst für 2010 geplant, dann aber immer wieder verschoben. Erinnert an den Bau des Berliner Flughafens, nicht wahr?

ROLLING STONES, BITTE NICHT!

Die Rolling Stones sieht man im Vier Jahreszeiten in Hamburg nicht besonders gerne, sie haben hier nämlich Hausverbot. Anscheinend ziemt es sich nicht, sich an Kronleuchter zu hängen und im Hotelzimmer zu randalieren.

NULL PUNKTE FÜR DEUTSCHLAND

Ann Sophie, die Teilnehmerin für Deutschland beim Eurovision Song Contest 2015, wurde zwar in London geboren. Aufgewachsen ist sie aber größtenteils in Hamburg. Sie war seit 1965 die erste Teilnehmerin für Deutschland, die mit null Punkten nach Hause fahren musste. Zero Points. Nichts. Nada!

MUSIKALISCHER EHRENBÜRGER

Als erster Künstler überhaupt wurde Johannes Brahms zum Ehrenbürger Hamburgs ernannt.

VILLA KUNTERBUNT!

Die Adresse Rondeel 29 in Hamburg-Winterhude gilt als legendär. Hier bewohnte Udo Lindenberg die „Villa Kunterbunt", zeitweise als WG mit Otto Waalkes und Marius Müller-Westernhagen.

SPORTLICHES

Hier regiert das runde Leder

Auch wenn es hinsichtlich des Olympia-Referendums schwer fällt zu glauben, Hamburg ist doch eine Stadt des Sports. Dass Olympia nicht alles ist, die Liebe für St. Pauli dafür quasi einer Religion gleicht und dass Wasser zu besonderen Sportvorlieben führt, könnt ihr in diesem Kapitel herausfinden.

FRISCH GEZAPFT UND KREATIV GEBRACHT

In den VIP Logen des Millerntor-Stadions des FC St. Pauli finden Besucher einen eigenen Zapfhahn für frisches Astra Pils an ihren Sitzen und vor sich eine kleine Eisenbahn, die ihnen frische Currywurst bringt. Very Important müsste man sein.

POLITISCHES PAULI

Das Millerntor-Stadion war die erste Spielstätte, in der das Rufen von faschistischen oder rassistischen Parolen verboten wurde. Inzwischen ist auch das Tragen von Kleidung der Marke „Thor Steinar", die favorisiert von Neonazis getragen wird, untersagt.

„SAUFEN FÜR ST. PAULI"

Der FC St. Pauli stand schon öfters kurz vor dem Ruin. Da Hamburg und seine Bewohner den sympathischen Club mit schier unbegrenztem Identifikationspotential einfach lieben, kann man das natürlich nicht zulassen. So kommt es immer wieder zu kreativen Rettungsaktionen. „Saufen für St. Pauli" brachte etwa ungefähr 50.000 Euro ein und die über

100.000 verkauften „Retter"-T-Shirts schafften es, den Club zu retten. Bis zur nächsten Notlage zumindest.

„WELTPOKALSIEGERBESIEGER"

Am 6. Februar 2002 gewann der FC St. Pauli überraschend als Tabellenletzter der 1. Bundesliga mit 2:1 gegen den FC Bayern München im Millerntor-Stadion, woraufhin vom FC St. Pauli T-Shirts mit dem Aufdruck „Weltpokalsiegerbesieger" auf der Vorderseite und den Namen der Spieler auf der Rückseite angefertigt wurden. Hintergrund war, dass der FC Bayern wenige Wochen zuvor den Weltpokal gewonnen hatte.

Sankt Pauli

FUSSFETISCHISTEN AUFGEPASST!

Dem Fuß von Uwe Seeler wurde ein ganz besonderes Denkmal gesetzt. Er wurde in Bronze gegossen und vor dem Stadion des HSV platziert. Die Skulptur ist 5,15 Meter lang und gilt als die größte Fuß-Skulptur der Welt. Übrigens würde das der Schuhgröße 77 entsprechen. Viel Spaß bei der Schuhsuche.

DER BUNDESLIGA-DINO

Der Hamburger Sportverein ist der einzige deutsche Fußball-verein, der seit der Gründung der Bundesliga jede Saison in dieser gespielt hat - daher wird er gemeinhin nur der „Liga-Dino" genannt. Damit die anderen Vereine an diese Tatsache erinnert werden, hängt im Stadion eine Digitaluhr, die die vergangene Zeit in der 1. Bundesliga anzeigt.

TRIATHLETEN IN HAMBURG

Der Hamburg Triathlon ist mit seinem Starterfeld von über 10.000 Teilnehmern und über 250.000 Zuschauern zusammen mit dem London Triathlon weltweit das größte Sportevent der Triathlon-Szene und außerdem der einzige Triathlon weltweit, der seit 2002 in die Weltcupwertung einfließt.

HAMBURGER KANUTEN

Der älteste in Deutschland noch bestehende Kanuverein ist der 1905 gegründete Alster-Canoe-Club. Das englische Wort Canoe wurde übernommen, da zu diesem Zeitpunkt das deutsche Wort „Kanu" noch nicht etabliert war.

HAMBURG, MEINE FUSSBALLPERLE

Lotto King Karl ist einer der Stadionsprecher beim Hamburger SV. Live singt er vor jedem Heimspiel der A-Mannschaft des HSV seine Hymne „Hamburg, meine Perle". Nur findet sich eine kleine Änderung zu seinem beliebten Hit. Von einem Kran aus trällert Lotto King Karl nämlich stets „Hamburg, meine Fußballperle". So hat man immerhin immer einen Grund ins Stadion zu pilgern, selbst wenn die Ergebnisse ausbleiben.

FUSSBALL AUS ANDERER PERSPEKTIVE

2011 drehte der Hamburger Dokumentarfilmer Felix Grimm den Film „Das ganze Stadion", der statt Spielszenen die Fans des FC St. Pauli auf den Tribünen zeigt. Der Spielverlauf erschließt sich ausschließlich aus den Kommentaren und Reaktionen der Fans auf das Spielgeschehen und ist somit einmalig in dieser Form.

GROSSER TURNSPASS

Der größte Turnverein der Welt ist der Hamburger Klub „Sportspaß". Er hat mehr als 70.000 Mitglieder und bietet seinen Mitgliedern über 115 Sportarten an!

HANSEATISCHE REITER

Hamburg ist die größte Pferdestadt Deutschlands. Mit mehr als 3.500 Pferden und über 8.500 registrierten Reitern wird der Reitsport hier wie in keiner anderen deutschen Stadt betrieben.

BINNENSEGELN

Das größte innerstädtische Segelgebiet Deutschlands findet man im Herzen Hamburgs. Die Außenalster ist 164 Hektar groß und bis zu 3,50 Meter tief und damit ein tolles Revier für jeden Wassersportler.

HAMBURGER „FOOTBALL"

Den Fußball brachten die Engländer nach Hamburg. 1875 spielten sich einige auf einer Wiese am Dammtor einen Ball mit den Füßen zu und nannten es „Football". Beliebt war der Sport bei den Hanseaten keineswegs, er galt in wilhelminischen Zeiten als „undeutsch". So dauerte es noch eine Weile, bis die ersten Fußballvereine entstanden.

HAMBURGER „FUSSBALLREVOLUTION"

Frauenfußball war lange Zeit nicht nur verpönt, sondern auch verboten. 1968 setzten sich die beiden Hamburger Frauenvereine „Eintracht Kopftuch" und „United Strumpfhose" in Wilhelmsburg über das aus der Nazizeit stammende Verbot hinweg – aufgehoben wurde das Verbot allerdings erst 1970.

BADEN IN DER ALSTER

Deutschlands erste Badeanstalt befand sich nicht etwa an einem Fluss oder See, sondern auf der Binnenalster. Das 1793 eingeweihte Badeschiff war nur per Ruderboot erreichbar.

HAMBURGER NICHTSCHWIMMER

Eigentlich ist es nur logisch, dass ausgerechnet in einer Stadt mit soviel Wasser wie Hamburg die Schwimmflügel erfunden wurden – immerhin ist die Gefahr ins Wasser zu fallen höher als in anderen Städten. Dabei entwickelte der Rettungsschwimmer Bernhard Markwitz 1964 die Flügel aufgrund einer beinahen persönlichen Katastrophe: Seine Tochter fiel in einen Goldfischteich und ertrank beinahe. Seitdem verdanken wohl noch einige Kinder mehr seiner Erfindung ihr Leben.

Hamburg

FUSSBALLFAMILIE

Uwe Seeler galt in seiner aktiven Zeit als Fußballer als einer der besten Mittelstürmer der Welt. Aber bereits sein Vater Erwin war in Hamburg einer der populärsten Fußballer. Zum Hamburger Sportverein kamen seine Söhne Uwe und Dieter nur, weil Erwin am Schluss für ebendiesen spielte!

TREUER HSV'LER

Obwohl „Uns Uwe" 1961 mit 1,2 Millionen D-Mark eines der besten Angebote der damaligen Zeit von Inter Mailand bekam, blieb Uwe Seeler zur Freude der Fans des HSV seiner Heimatstadt bis zu seinem Karriereende treu!

EHRENFUSSBALLER

Uwe Seeler wurde 1972 als zweiter Spieler nach Fritz Walter zum Ehrenspielführer der Deutschen Nationalmannschaft ernannt, obwohl er keinen Titel gewinnen konnte. 2003 erhielt er außerdem als erster Sportler überhaupt die Ehrenbürgerschaft Hamburgs verliehen und 2006 wurde er zum Ehrenkommissar der Hansestadt ernannt. Ein echter Ehrenmann eben!

WAS KOSTET DIE WELT

Wird der Rasen im Stadion des HSV komplett neu verlegt, so kostet das 100.000 Euro. Jedes Mal!

NUR NICHT ÜBERANSTRENGEN

In der Saison 2014/15 gelang es dem HSV mit nur 25

geschossenen Toren die Klasse zu halten. Das war die niedrigste Anzahl an geschossenen Toren, mit der eine Mannschaft seit der Gründung der Bundesliga den Klassenerhalt geschafft hat. Übrigens war es gleichzeitig auch der drittniedrigste Wert aller teilnehmenden Mannschaften.

DER HSV ZU GAST BEI OLLI DITTRICH
Der Komiker und Schauspieler Olli Dittrich zählt den des Fans des HSV. So kommt es auch, dass in seiner Fernsehserie „Dittsche" schon öfter HSV-Spieler in Nebenrollen zu sehen waren. So beispielsweise Uwe Seeler und Rafael van der Vaart.

LEIDER NEIN.
Ursprünglich sollte das Maskottchen des HSV eine Hummel werden. Wieso? Um auf den hanseatischen Gruß „Hummel, Hummel" - „Mors, Mors" Bezug zu nehmen. Klingt eigentlich gar nicht so schlecht. Die Fans waren jedoch einer anderen Meinung und lehnten das Maskottchen ab. Schade!

DEN MICHEL ERKLIMMEN
Um auf die Besucherplattform des Michels zu gelangen, müssen die Besucher 452 Stufen bewältigen - da kann man schonmal ins Schwitzen kommen! Zum Glück gibt es auch einen Aufzug, den man nach 53 Stufen nutzen kann!

GEREGELTES DRACHENSTEIGEN
Möchte man im Stadtpark seinen Drachen steigen lassen,

so gibt es einiges zu beachten. Seit 2005 muss die maximale Leinenlänge unter 50 Metern sein. Der Drache darf nicht mehr als ein Kilogramm wiegen und keine Metallteile enthalten. Hamburg, du Spaßbremse!

MÜNCHEN FREEZERS?

Das Eishockeyteam der Hamburger, die Hamburg Freezers, spielten zuvor als „München Barons" in München - und wurden kurzerhand vom Klubbesitzer in die Hansestadt verlegt.

DAS GROSSE VOLKSPARKSTADION

Neben den Heimspielen des Hamburger SV war das Volksparkstadion bisher auch schon Austragungsort der Fußball-Weltmeisterschaft 1974, der Fußball-Europameisterschaft 1988, der Fußball-Weltmeisterschaft 2006 und des Europa-League-Finales 2010. Nicht schlecht.

KEIN OLYMPIA FÜR HAMBURG

Hamburg hat sich für die Austragung der Olympischen Spiele 2024 beworben, nachdem sie in der nationalen Auswahl für die Olympischen Spiele 2012 gescheitert sind. Die Stadt zog jedoch die Bewerbung zurück, da die Hamburger Bevölkerung bei einem Referendum mit 51,6% gegen die Bewerbung gestimmt hatte.

MOBILES

Eine Metropole zu Wasser
und zu Lande

Hamburgs Größe ist mit 755 Quadratkilometern Fläche nicht ganz unbeachtlich. Kein Wunder, dass man hier einige Verkehrsmittel zur Hilfe ziehen muss. Dass es dann unweigerlich zu einigen fragwürdigen Rekorden und kuriosen Fakten kommt, ist nicht verwunderlich. Und dass der riesige Hafen für ganz schön viel Gesprächsstoff sorgt, genausowenig.

SCHIFF AHOI!

Ganz in der Nähe von Hamburg, in Wedel, befindet sich „Willkomm-Höft", das einzige Schiffsbegrüßungswerk der Welt. Hier werden Schiffe, die in den Hamburger Hafen einlaufen, seit Jahrzehnten je nach Herkunft mit Nationalhymne und Flagge begrüßt.

NIMM' MICH MIT KAPITÄN!

Von Hamburg aus erreicht man auf dem Schiffsweg 900 Häfen in insgesamt 170 Ländern auf der ganzen Welt.

EINSTEIGEN BITTE!

Mit täglich rund 450.000 Reisenden und Besuchern ist der Hamburger Hauptbahnhof zusammen mit dem Münchner Hauptbahnhof der meistgenutzte Personenbahnhof Deutschlands. Nicht schlecht!

BITTE NICHT EINSTEIGEN

Im April 2015 wurde in Hamburg die Tür einer S-Bahn fachmännisch zugemauert. Der Zugführer fuhr so eine gesamte

Kapitän

Tour nach Blankenese und zurück nach Altona. Als die Barrikade entdeckt wurde, wurde die Fahrt gestoppt und alle Fahrgäste mussten den Zug verlassen.

NEUE KREUZFAHRTEN

Der Hamburger Albert Ballin kam als erster Reeder auf die Idee, im Winter nicht genutzte Schiffe in diesem Zeitraum in wärmere Regionen fahren zu lassen - als Urlaub für die Passagiere. Die erste Deutsche Kreuzfahrt fand daraufhin 1891 auf der Augusta Victoria in Richtung Mittelmeer statt.

Schiff

BRIEF U-BAHN

1887 wurde in der Hansestadt die Rohrpost eingeführt, bei der die Post durch sechseinhalb Zentimeter breite Rohre unter der Erde flitzte und dabei durch Unterdruck beschleunigt wurde. Nachdem die Technik im Laufe des 20. Jahrhunderts weiterentwickelt wurde, musste die Rohrpost aufgrund der hohen Störanfälligkeit und der immensen Kosten 1976 eingestellt werden.

AUTOFAHRSTÜHLE

Der St. Pauli-Elbtunnel, 1911 fertiggestellt, war der erste große Unterwassertunnel auf dem europäischen Festland. In Abgrenzung zu dem seit 1975 bestehenden neuen Elbtunnel wird er auch alter Elbtunnel genannt. Der alte Elbtunnel ist 426,5 Meter lang und beinhaltete insgesamt acht Aufzüge, die die Autos in den Tunnel hinab- bzw. hinauffahren.

NR. 10 DURCH HAMBURG

Der zehnte Längengrad (Meridian) verläuft mitten durch Hamburg. Auf seinem Weg passiert er den Hamburger Flughafen, das Eppendorfer Moor und quert die Kennedybrücke.

DEUTSCHES REEDERHERZ

Die Hansestadt ist mit 121 Betrieben der größte Reedereistandort in Deutschland. Zirka ein Drittel der etwa 375 deutschen Reedereien stammt somit aus Hamburg.

OLDTIMER AUF DEM WASSER

Als der älteste Schlepper der Welt gilt der Hamburger Hafenschlepper „Heinrich-Ludwig". Fertiggestellt im Jahr 1906, ist er somit stolze 110 Jahre im Hamburger Hafen zu Hause. Dieses stolze Alter ohne notwendige Operationen zu erreichen ist aber auch für solch rüstige Schiffe nicht selbstverständlich. So wurde die „Ludwig" des öfteren überholt und erhielt zum 50-jährigen Geburtstag einen neuen Motor.

HAMBURGER SCHIFFSBAU

Eine Hamburger Institution ist die Blohm&Voss Werft im Hamburger Hafen. Sie wurde 1877 gegründet und ist heute die letzte Großwerft im Hamburger Hafen. Sie war zu Beginn des 20. Jahrhunderts die Werft mit dem weltweit größten Werftgelände, hatte den modernsten Kran der Zeit und das weltweit größte Schwimmdock. Berühmte Schiffe wie die „Bismarck" oder die „Gorch Fock" wurden hier fertiggestellt.

DAS TOR ZUR WELT

Der Hamburger Hafen ist der größte Seehafen Deutschlands und Europas drittgrößter Seehafen nach Rotterdam und Antwerpen. Gleichzeitig ist er aber auch aufgrund vierer Containerterminals Europas zweitgrößter Containerhafen und der vierzehntgrößte weltweit. Über Hamburg wanderten über fünf Millionen europäische Emigranten zwischen 1850 und 1939 aus - was der Hansestadt den Beinamen „Das Tor zur Welt" eintrug.

STARKER BINNENHAFEN AN DER ELBE!

Obwohl der Hamburger Hafen Deutschlands größter See-
hafen ist, so ist er auch mit einem Umschlag von etwa 11
Millionen Tonnen jährlich nach den Duisburger und Kölner
Häfen Deutschlands drittgrößter Binnenhafen!

ERLEBNIS FLUGHAFEN

Der Hamburger Flughafen ist eine Reise wert. Und das nicht
nur, um in die Ferne zu entfliehen. Am Hamburger Airport gibt
es neben den zwei Besucherterrassen eine Flughafenmodell-
anlage im Maßstab 1:500 wie man sie sonst nirgends auf der
Welt findet. Hier kann man das Flughafengeschehen optimal
verfolgen. Interessant nicht nur für Flugzeuginteressierte!

Hafen

EUROPAS GRÖSSTER …

… Rangierbahnhof steht genau an der Landesgrenze von Hamburg und Niedersachsen in Maschen. Mit etwa 1.000 Weichen und mit 300 Kilometern Gleisstrecke ersetzte der Bahnhof 1975 die vielen innerstädtischen Rangierbahnhöfe.

VON BAHNEN UND BUSSEN

Der Hamburger Verkehrsverbund, HVV, organisiert die städtischen Straßenbahnen, U-Bahnen und Busse und war tatsächlich der erste Verkehrsverbund dieser Art auf der Welt!

SCHNELL ZU BUS UND BAHN

Der öffentliche Personen- und Nahverkehr der Hansestadt ist

U-Bahn

sehr gut ausgebaut. So wohnen 99% der Hamburger nicht weiter als 300 Meter von der nächsten Haltestelle von Bus oder Bahn entfernt. Schnell erreichbar sind auch die Grünanlagen - 89% der Bürger hat es nicht weiter als 300 Meter zum nächsten Park.

UP IN THE AIR

Der Airport Hamburg wurde im Januar 1911 erbaut und steht seitdem inklusive einiger Modernisierungsmaßnahmen an der gleichen Stelle. Der Flughafen ist damit der älteste Deutschlands.

GEBURTSTAG EINMAL ANDERS

Der Hamburgische Hafengeburtstag gilt als das größte Hafenfest der Welt. Er dauert meist drei Tage rund um 7. Mai - ein besonderes Datum für die Hafengeschichte Hamburgs! 1189 wurde den Hamburgern der Freibrief von Kaiser Friedrich Barbarossa ausgestellt, der der Hansestadt Zollfreiheit für ihre Schiffe auf der Elbe bis zur Nordsee garantierte.

ALTER DAMPFER!

Der Schleppdampfer „Woltman" im Hamburger Hafen ist Deutschlands letzter seegängiger Schlepper mit Dampfantrieb und einem kohlegefeuerten Kessel. Erbaut wurde er 1904 und war bis 1976 beim Wasser- und Schifffahrtsamt Cuxhaven im Dienst - heute dient er für kurze Touristikfahrten im Museumshafen Övelgönne.

TRADITIONSREICHE REEDER

Seit 1847 sitzt die Hamburger Reederei „Hapag" am Ballin-
damm an der Binnenalster. Tatsächlich gibt es die Reederei
in ihrer ursprünglichen Form gar nicht mehr. Seit 1970 heißt
sie „Hapag-Lloyd", nach einer Fusion mit dem Bremer „Norddeutschen Lloyd".

HANSEATISCH UND FREI

Als einzige Hansestadt trägt Hamburg in seinem offiziellen
Namen das Wörtchen „und". 1819 beschloss der Senat
hiermit Hamburgs Stellung als souveräner Staat und seine
Eigenschaft als Hansestadt zum Ausdruck zu bringen, sodass sie bis heute „Freie und Hansestadt Hamburg" heißt.

DOLLE BAHNVERBINDUNG!

Hamburg ist heutzutage tatsächlich der größte Eisenbahn-
knotenpunkt Nordeuropas und hat sogar eine eigene Hafenbahn! Jeder dritte Container, der in der Republik auf Schienen unterwegs ist, lief zuvor über das Netz der Hafenbahn.

KLEINER SCHIFFSFRIEDHOF

1975 kommt es zu einer Kollision zweier Schiffe auf der Elbe
auf Höhe Blankenese, beide Schiffe sinken, die „Uwe" und
die „Wiedau". Während die Wiedau innerhalb von zehn Wochen geborgen werden konnte, kommt die Rettung für die
Uwe zu spät - die Bergung ist aufgrund der querenden Lage
zur Elbe und der starken Strömung nicht möglich. Noch
heute ragen bei Ebbe etwa vier Meter in einem 45° Winkel

aus der Elbe. Und da an naher Stelle bereits 1925 ein Schiff gesunken ist, kann man schon fast von einem Schiffsfriedhof sprechen.

SCHWIMMENDER GOTTESDIENST

Hamburg hat Deutschlands vermutlich einzige schwimmende Kirche, die Flussschifferkirche in der Hamburger Speicherstadt. Sie wurde 1906 auf einem außer Dienst gestellten Schiff eingerichtet und war bis 2007 eine eigene Kirchengemeinde, ging danach jedoch in private Hand über.

Speicherstadt

HANSEATISCHE WALFÄNGER

In Deutschland ist Waljagd und –fang heutzutage berechtigterweise in Verruf geraten. Das war allerdings nicht immer so. Hamburg und das früher noch eigenständige Altona waren sehr große Walfangregionen. Allein die Hamburger haben in ihrer Walfangära mehrere zehntausend Wale, hauptsächlich vor Grönland, erlegt. Die Hauptmotivation war nicht etwa das Walfleisch, sondern die Möglichkeit aus den dicken Speckschichten Öl auszukochen – Tran, ein beliebter Brennstoff. Endgültiges Ende der deutschen Waljagd war übrigens das Ende des Zweiten Weltkrieges.

DIE REEDEREI F. LAEISZ

Die Reederei F. Laeisz ist eine alteingesessene und heute noch aktive Hamburger Reederei. Besonders bekannt ist sie vor allem für ihre schnellen und robusten Großsegler, die man Flying P-Liner nennt.

DIE REEDEREI F. LAEISZ UND DER PUDEL

Doch woher kommt das „P" beim Flying P-Liner? 1867 wurde ein von F. Laeisz veranlasster Segelschiffsneubau, eine kleine Bark, nach dem Spitznamen der Reedersgattin Pudel getauft. Alle weiteren Neubauten unter Segeln und schließlich sämtliche Segelschiffe im Eigentum von FL trugen daraufhin Namen, die mit dem Buchstaben P begannen.

Unnützes WienWissen

www.stadtbekannt.at

Wird oft zusammen gekauft

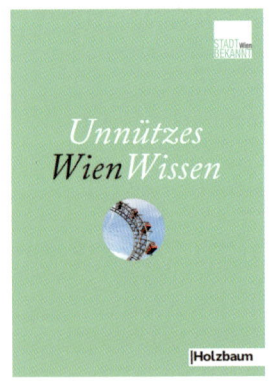 +